brasil
retratos
poéticos

brazil poetic portraits

© Copyright 2000
Escrituras Editora

Pesquisa fotográfica:
André Lopes, Lenna Beauty e Raimundo Gadelha

Projeto gráfico:
Mauro Lima e William Torre

Revisão dos textos em inglês:
Mark Ament

Editoração eletrônica:
C&D Produções Editoriais

Fotolitos:
Paper Express

Fotolitos de capa e sobrecapa:
Binhos

Impressão:
Salesianas

Coordenação editorial:
Raimundo Gadelha

1ª Edição -1996
2ª Edição -1998
3ª Edição -1999
4ª Edição -2000
5ª Edição -2002

Impresso no Brasil
Printed in Brazil

Dados Internacionais de Catalogação na Publicação (CIP)
(Câmara Brasileira do Livro, SP, Brasil)

Brasil retratos poéticos = Brazil poetic portraits / fotos /
    photos Araquém Alcântara, Bruno Alves, José Caldas;
    textos/poems Raimundo Gadelha; prefácio/preface Jorge
    Mautner. -- 4. ed. -- São PAulo: Escrituras Editora, 2000.

    1. Brasil - Descrição 2. Fotografias - Brasil I. Alcântara,
Araquém, 1955- II. Alves, Bruno. III. Caldas, José. IV. Gadelha,
Raimundo. V. Mautner, Jorge. VI. Título: Brazil poetic
portraits.

00-3913   CDD-779.9981

Índices para catálogo sistemático:
1. Brasil: Fotografias: Coleções 779.9981

ISBN 85-86303-01-1

brasil
retratos
poéticos
brazil poetic portraits

fotos/photos
araquém alcântara
bruno alves
josé caldas

textos/poems
raimundo gadelha

prefácio/preface
jorge mautner

escrituras
São Paulo, 2002

Brasil Retratos Poéticos é a paisagem das
diversidades dentro da unidade.

Imagesn de flores, florestas, bichos, rios, pântanos,
lagos, folhas, céus, praias, quintais, pétalas,
cachoeiras, gente… tudo isso numa geometria fractal
e *kaótica* de harmonias interpostas como
se formassem um imenso labirinto.
Um labirinto onde o fio de Ariadne condutor é,
ao mesmo tempo-espaço, o olho do leitor
e o olho de quem fotografou essas maravilhas
em tom de maravilha.

É como a democracia descentralizante e ao
mesmo tempo unificadora, dentro de um total
espírito de liberdade. A continuidade e a unidade,
contendo todas as diversidades em convivência
poética, é a essência desse livro.

Jogo lúcido de interatividade entre quem fotografou
e quem poetizou tudo em universos paralelos que
se intercalam como a harmonia e a melodia.
Ponto e contraponto. Conluios de amor, pontes
de arco-íris de compreensão mútua, simultaneidades
simultâneas de belezas, que assim se desdobram até
o fim sem fim do divino infinito.

Jorge Mautner

*Brazil Poetic Portraits is a passage about the
diversities within the unit.*

*Images of flowers, forests, animals, rivers,
marshes, lakes, leaves, skies, beaches, yards,
petals, waterfalls, people... all of these in a
fractal and chaotic geometry of united harmony
as if forming an imense labyrinth.
A labyrinth where the Ariadne conductor string
is the reader's eye and the eyes of who
photographed these marvels in marvelous tone,
in the same space-time zone.*

*It is like the decentralizing democracy which is
at the same time uniting within a complete spirit
of liberty. The continuation and unity, containing all
kinds of diversity in poetic relationships,
is the essence of this book.*

*A lucidly interactive game between the people
who depicted and the poet who wrote in parallel
universes that intertwine like harmony and melody.
Point and fact. Conspiracy of love, rainbow bridges
of mutual comprehension, simultaneous
synchronicity of beauty, that unfold until the endless
end of divine infinity.*

Jorge Mautner

No retorno ao lar, o trote é lento, compassado...
Presente, a natureza apenas acontece.

Coming back home, man goes in a cadenced, moderate trot
Intense, nature just keep going.

Ver de perto o verde verdejante
Viajante, alma levada e lavada pela emoção.

Seing the green greenery
the traveller, in his comotion, has his soul
tenderly touched by emotion.

A ave abre as asas aos céus
e sabres cortam o vento com harmonia...
Pura reverência à natureza.

The bird opens its wings
like swords cutting the wind
and everything seems to pray for nature.

Tão duras rochas,
sustentando tão belo verde...
Quanto tempo tudo durará?

So hard and strong rocks
sustaining such beautiful green...
How long will everything last?

As nuvens quase param
para ver as pinturas
da mulher que nem vê
as pinturas que faz.

The clouds could have gone
but stayed steady
to see the paintings
the woman
doesn't see she has done.

Em tão diferentes tons,

a sensação de unicidade...

Emoção percorrendo brandos caminhos.

In so different tonalities

the deep sensation of unicity

Emotion going by mild roads.

O pescador volta ao mar
Os peixes nadam no silêncio
Logo, sob as cores, uma nova batalha.

The fisherman goes back to the sea
The fish swim silently...
Soon, under the sunlight colours, a new fight.

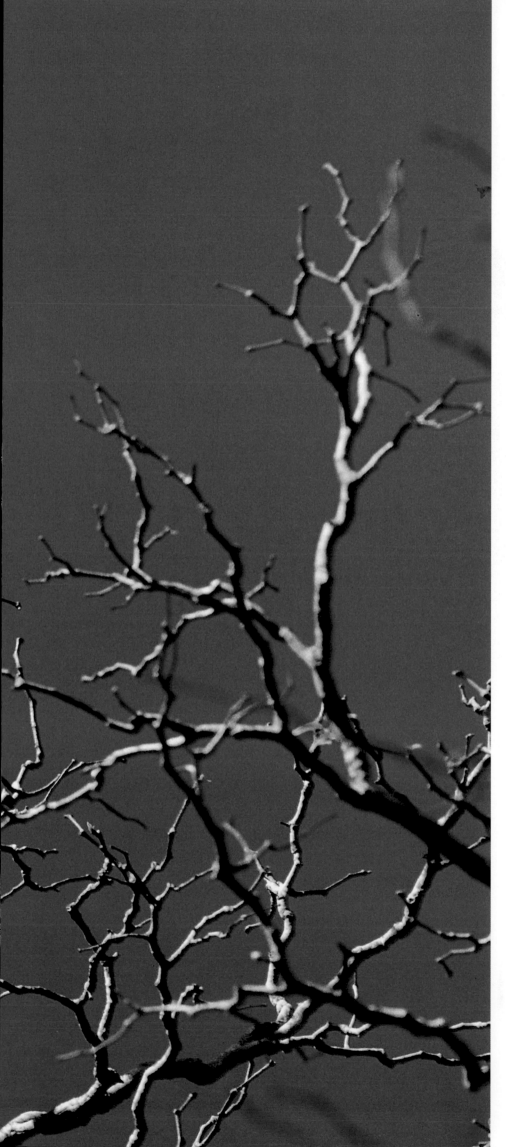

Com cores irretocáveis,

a ave imóvel

torna-se móvel do pensamento.

Steady with its impecable colours,

the bird throws thinking

into continuous motion.

Num breve intervalo de vôo,
as aves cantam e se encantam
com a imensidão do céu.

Taking a short break in flight
the birds sing and are enchanted
by the immense sky.

Com cores e imaginação
o inocente navegante
coloca o mundo aos seus pés.

Using colours and imagination
the sweet navigator
has the world at his feet.

Tudo um silêncio único
Na janela, a contemplação
No posto telefônico, cumplicidade dos fios.

One and only silence
From the window a peaceful sight
In the telephone station, the accomplishment of wires.

Chão de terra batida, bandeira colorida

Molecada simples e feliz

desfralda e carrega um outro país.

Countryside road, coloured flag...

Humble and happy little kids

spread and carry another country.

O peixe, ao pressentir ser fácil presa
faz surpresa,
chora e engrandece o mar.

Foreseen to be an easy catch
The fish looks at the fishing net
and cries, enlarging the sea.

Tendo o sol como cúmplice,
a silhueta da árvore impõe-se, terna e majestosa.

Having the sun as an accomplice,
the silhouete of the tree makes everyone see
the essence of tender majesty.

Efêmera e grandiosa,
a imagem do entardecer parte
deixando saudade no caminho.

Ephemeral and fabulous,
the image of sunset goes away
leaving on the way nostalgic yearning.

Os ossos do animal fincados na areia
A árvore insistindo em acompanhar o vento…
Esculturas do tempo.

The animal bones thrust in the sand
The tree with its arms following the wind
Fine sculptures of time.

Sobre o abrigo passam, lentamente,
os sonhos que nem se ousam sonhar.

Looking towards heaven
can be seen the dreams
that simple people not dare to have.

Lenha crepitando no fogão

Homem envolto em pensamentos...

Sem pressa são preparados

os alimentos do corpo e da alma.

Firewood crepitates in the stove

Man in deep thoughts...

So, slowly are prepared the meals

for both, body and soul.

Sendo como são,
as nuvens são pura comoção...
Tempo em movimento.

Being the way they are
the clouds are pure emotion...
Time in motion.

Pequeno navegante,
sem bússola ou ambições
que terras descobrirás?

Dear little navigator,
without compass or ambitions
what land will you discover?

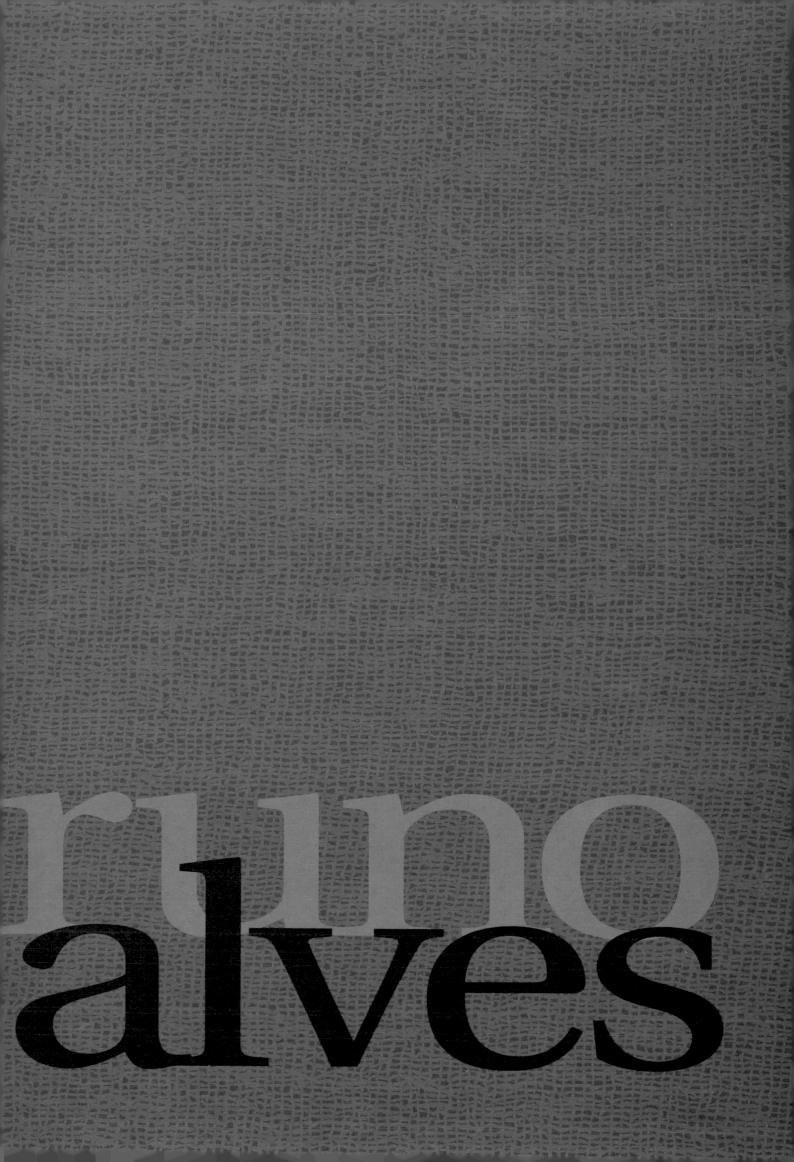

runo
alves

O barco desliza lento
O tempo passa lento
Não há, no ar, nenhum alento.

The boat sliding softly
Time passing by softly
In the air wishes going away, softly...

Que pessoas habitam uma casa
que habita tão terna paisagem?

How can anyone dare to escape
from a house planted in such a landscape?

Espelho d'água,
o vento,
com suavidade,
agita casas e embarcações.

*The water looking
like a mirror
The wind tenderly swings
houses and boats.*

Sob os tons de lilás

grãos do Universo se unem e formam dunas,

sentinelas do tempo e pessoas.

It's autumn

Up in the sky all tones of lilac

Below, grains of the Univers form dunes,

sentinels of time and people all year round.

O garoto trabalhando os grãos de café

Na parede, solidária sombra.

The boy working the grains with a shovel

On the wall, a solidary shadow.

Enquanto concede

douradas espigas

a terra arranca do homem

sorrisos de gratidão.

The generous field

offers golden corn

and extracts from the man

smiles of gratitude.

Coisa lúdica...
O azul do céu, o verde do mar
e todo o espaço para a mente viajar.

The blue of the sky, the green of the sea...
Mild and vast space for the travelling mind.

Os plantadores descansam
Os frutos do cafezal, ainda vivazes,
brincam de colorir o chão.

The planters take a rest
and what remained
from the coffee grains
now plays at colouring the ground.

Do lago, tão bela morada,
quantos peixes a rede irá desabrigar?

*From the lake, such a beautiful place,
how many fish will the fishing net drive out?*

A dureza do rochedo, a suavidade do verde...
Plena harmonia, mesmo nos opostos.

The hardness of the rock, the smooth green...
Two different subjects in complete harmony.

O vento toca as dunas que, caprichosas,
vão formando formosas imagens.

The wind touchs the dunes
that vainly form fair images.

Sob o sol, rola a bola

Sobe e desce

Meninos brincam, o tempo escurece.

Under the sun

the ball bouncing up and down...

Kids play with no worry

Weather darkens with no hurry.

Marcaram encontro no horizonte

céu e terra

Logo serão apenas um só

O boi rumina cumplicidade.

Sky and earth made an appointment at the horizon

Very soon they will be just one

The ox ruminates cumplicity.

A ponta do rochedo, para contemplar o azul do céu,
abandona o azul do fundo do mar.

So if can see the blue of the sky
the edge of the rock leaves the blue of the deep sea.

Posto em cada canto do poço
o mistério de cor e encanto composto.

Well placed in each corner of the well
the mystery made of colour and will.

O homem simples
parece cantar íntimas e belas canções,
mas apenas pensa
e ao vento espalha seus pensamentos.

It seems the simple man sings
inner and peaceful songs
But he only thinks
and lets his thoughts be carried by the wind.

No céu, o branco de nuvens correndo soltas
No solo, o leite à espera de movimento...
No pensamento, simples divagações
sobre nuvens, vacas e crianças...

Up in the sky the white of clouds flying free
On the ground milk waiting for its next move...
In between thought moving into diversions
about clouds, cows and children...

Sol se foi

Só ficando sensação de tempo sem ação

Bichos fincados em melancolia.

The sun has gone away

On the way only a sensation remained:

animals lost in melancholy.

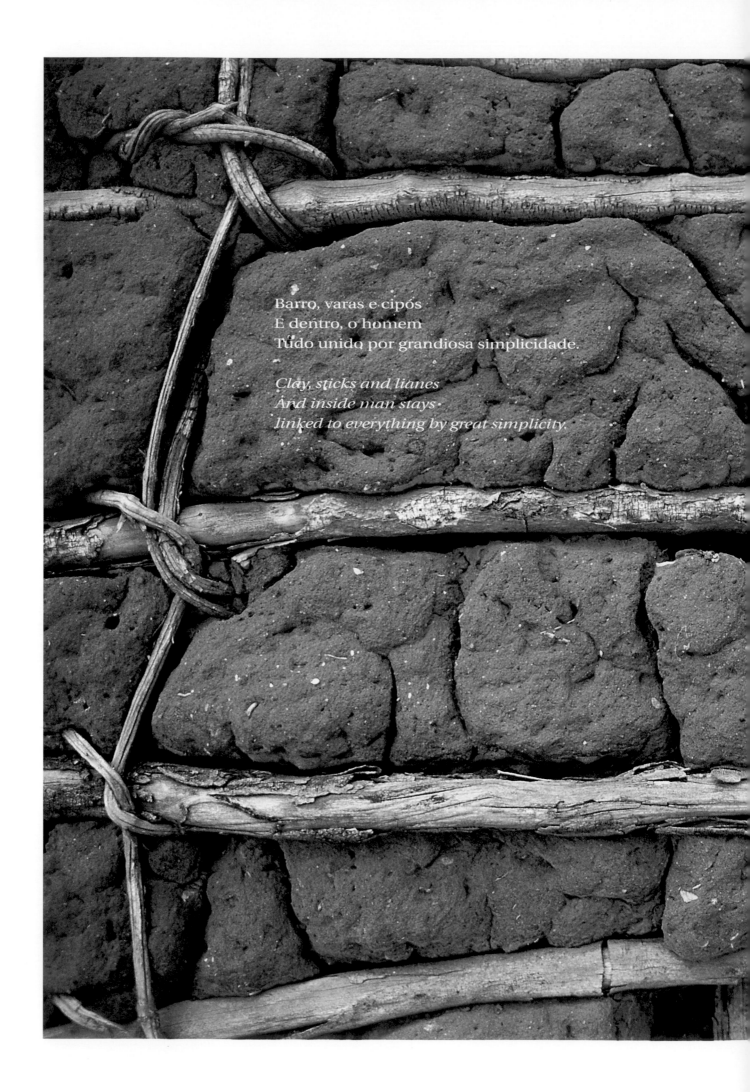

Barro, varas e cipós
E dentro, o homem
Tudo unido por grandiosa simplicidade.

Clay, sticks and lianes
And inside man stays
linked to everything by great simplicity.

Um sol, preguiçosamente, espalhando raios dourados
Meninos agitados caprichosamente transformam
cada momento em verdadeiro tesouro.

The sun indolently
spreads its golden light
Knowing that soon night will come
kids fancifully transform each moment
into a treasure, before it's gone.

De frente para o mar,
crianças enchem garrafas com água do poço
e nem percebem a profunda tristeza.

Facing the horizon
children fill bottles with well water
They don't feel the deep sadness.

A plástica do menino silencioso

O violão de plástico, calado

Espaço amplo, elástica esperança.

The boy silently climbs the hill

The guitar follows soundlessly

vast open space, elastic hope.

Pessoas dormem
Pela janela vento, som e luz
penetram sem desmanchar sonhos.

People sleep
Through the bright window
wind, sound and light
penetrate without breaking dreams.

O peixe, preso às redes do pescador,
Não faz tempo embalava-se nas ondas do mar.

The fish imprisoned in the fishining net;
Not long ago it was cradled by the waves of the sea.

O vento impressiona-se com a paisagem
e de passagem toca a vegetação
que, delicada, deixa-se ouvir.

Running in the landscape
the wind, on the way, touches the vegetation
and all sounds sound like pray.

Da inocente farsa, tira-se uma valsa

e com momentânea-infinita alegria

reis, rainhas e súditos dançam a mesma fantasia.

Take a waltz from the innocent farce

and with momentary-infinitive happiness

make kings, queens and vassals dance the same fantasy.

A grandiosidade, os pequenos detalhes...
De tudo em volta emana
a sensação de imóvel continuidade.

Images of grandeur, small details...
from everything around comes, strongly
the immovable sensation of continuity.

Todos os tons imagináveis

e ainda os outros

Todas as bocas e batons

Terra fêmea na efêmera vida

All the imaginable tones

and also the others

All mouths and lipsticks

Female earth, ephemeral life.

A esmo e mesmo diminuto
o homem, ensimesmado,
incorpora-se, absoluto, à natureza.

Isolated and so small in front of all
the man, naturally trying to understand all
begins to realize he is part of all.

Ver o olhar profundo e estático

é como mergulhar bem fundo em um mistério.

To see and feel the still deep look

is like diving forever into mysterious sea.

Entregar-se ao tempo

para, naturalmente, integrar-se à paisagem.

The river following its course naturally

The boat softly going along

Alone, man in harmony with nature.

Não canta
Mas ao ver tão bela flor
encanta-se todo o beija-flor.

The colibri doesn't sing
but seing such a beautiful flower
is seized by pure enchantment.

O rio é a mesa e esta está posta
No régio serviço, verdes e redondas bandejas
A flor complementa o banquete do olhar.

The river is the table and it's already set
Service is done with round green trays
and a flower complements a banquet for the eyes.

Do céu, nuvens e luz
Da terra, os mandacarus
E, na janela,
o gato da casa é sentinela.

The sky, offering its clouds and light
The earth to the mandacarus' delight
And the cat at the window
being part of all that happens.

O cômodo comodamente é
receptáculo de sonhos, tradições e fé.

All exposed, nothing to hide
Religion, simplicity, traditions…
and a boy on an imaginary ride.

Mesmo sem saber,
as garças carregam no vôo suave
o peso das cores do arco-íris.

The white birds, do not even know
but they carry on their flight
the weight of colours of the rainbow.

Exposta ao tempo temos a tela

Mas na tela reside e resiste

a beleza singela do olhar.

The scene seems to be a painting

and in the painting neither devil nor saint

just the simple beauty of a look.

Passam o rio e o tempo
e no velho barco soçobrado
sobram brincadeiras de criança.

River and time following their way…
and around the old wrecked boat
the sound of children's play.

No Ano Novo o tempo assiste
Ao efêmero artifício das esculturas de fogo
Reverenciando o concreto da escultura de pedra.

A few seconds before New Year comes,
time observes the ephemeral sculpture of fire
reverencing the solid sculpture of stone.

ande
where

araquém alcântara

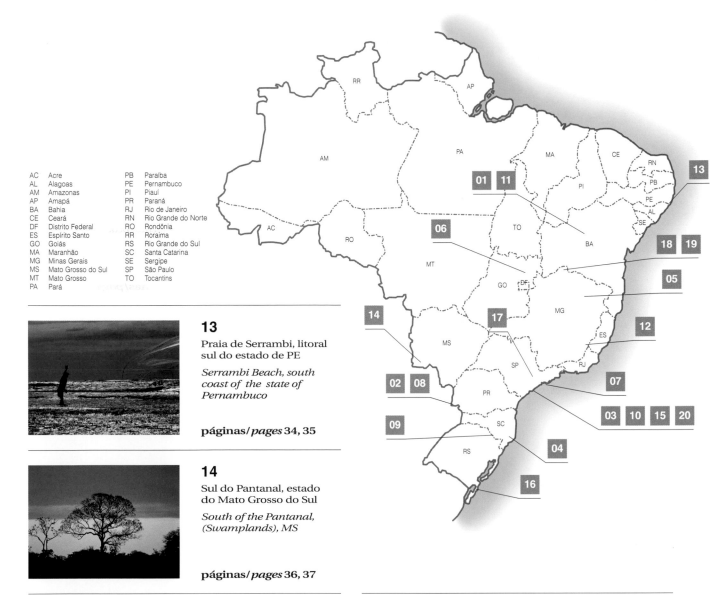

13

Praia de Serrambi, litoral sul do estado de PE

Serrambi Beach, south coast of the state of Pernambuco

páginas/*pages* 34, 35

14

Sul do Pantanal, estado do Mato Grosso do Sul

South of the Pantanal, (Swamplands), MS

páginas/*pages* 36, 37

15

Mar de Dentro, Cananéia, litoral sul do estado de SP

Mar de Dentro (Inland Sea) Cananéia, south coast of the state of São Paulo

páginas/*pages* 38, 39

18

Parque Nacional do Grande Sertão Veredas, norte do estado de MG

Grande Sertão Veredas National Park, north of the state of Minas Gerais.

páginas/*pages* 44, 45

16

Estação Ecológica do Taim, RS

Ecological Station of Taim, RS

páginas/*pages* 40, 41

19

Parque Nacional do Grande Sertão Veredas, MG

Grande Sertão Veredas National Park, MG

páginas/*pages* 46, 47

17

Favela na zona sul da cidade de São Paulo, SP

Slum at south side of São Paulo, SP

páginas/*pages* 42, 43

20

Mar de Dentro, Cananéia, SP

Mar de Dentro (Inland Sea), Cananéia, SP

páginas/*pages* 48, 49

bruno alves

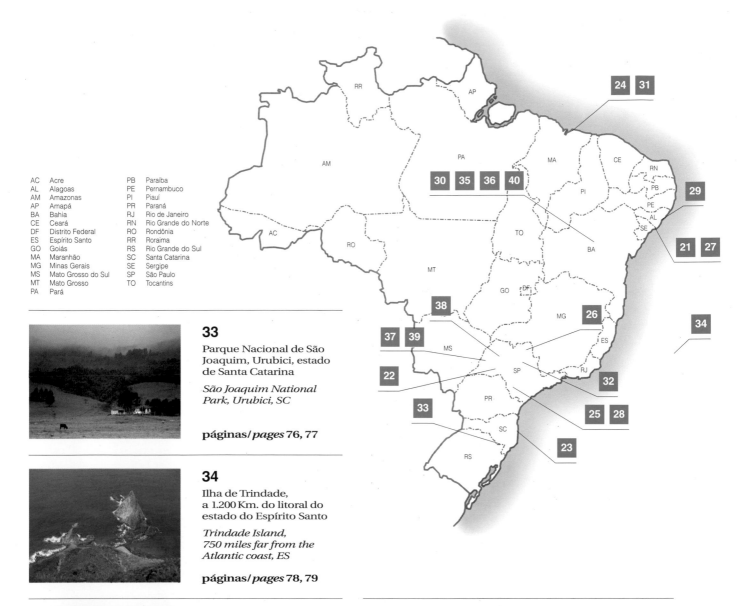

AC Acre
AL Alagoas
AM Amazonas
AP Amapá
BA Bahia
CE Ceará
DF Distrito Federal
ES Espírito Santo
GO Goiás
MA Maranhão
MG Minas Gerais
MS Mato Grosso do Sul
MT Mato Grosso
PA Pará

PB Paraíba
PE Pernambuco
PI Piauí
PR Paraná
RJ Rio de Janeiro
RN Rio Grande do Norte
RO Rondônia
RR Roraima
RS Rio Grande do Sul
SC Santa Catarina
SE Sergipe
SP São Paulo
TO Tocantins

33

Parque Nacional de São Joaquim, Urubici, estado de Santa Catarina

São Joaquim National Park, Urubici, SC

páginas/*pages* 76, 77

34

Ilha de Trindade, a 1.200 Km. do litoral do estado do Espírito Santo

Trindade Island, 750 miles far from the Atlantic coast, ES

páginas/*pages* 78, 79

35

Poço Encantado, Parque Nacional da Chapada Diamantina, BA

Poço Encantado (Enchanted Well), Chapada Diamantina National Park, BA

páginas/*pages* 80, 81

36

Lençóis, Chapada Diamantina, estado da Bahia

City of Lençóis, Chapada Diamantina, BA

páginas/*pages* 82, 83

37

Rancharia, oeste do estado de São Paulo

Rancharia, SP

páginas/*pages* 84, 85

38

Região de Araçatuba, oeste do estado de São Paulo

A farm, near the city of Araçatuba, SP

páginas/*pages* 86, 87

39

Fazenda de gado, Presidente Prudente, oeste do estado de São Paulo

Cattle ranch near the city of Presidente Prudente, SP

páginas/*pages* 88, 89

40

Parque Nacional da Chapada Diamantina, Andaraí, estado da Bahia

Chapada Diamantina National Park, Andarai, BA

páginas/*pages* 90, 91

josé caldas

araquém
alcântara

bruno
alves

Jornalista, nascido em 1951 e fotógrafo profissional desde 1971, Araquém Alcântara é considerado um dos precursores da foto documentação ambiental no Brasil e reconhecido como um dos mais importantes fotógrafos no gênero no País. Já participou de cerca de 50 exposições coletivas e individuais. Recebeu 52 prêmios nacionais e 6 internacionais e suas fotos já foram expostas em diversos museus, entre eles o do **Centro Cultural Georges Pompidou**, em Paris. Trabalhou como repórter fotográfico em diversos jornais e revistas e suas fotos já foram publicadas em vários livros de arte.

Journalist, born in 1951, Araquém Alcântara has been working as a professional photographer since 1971. He is considered one of the first ambient photo-documentators in Brazil and one of the most important photographers in the style in the country. He has participated in about 50 exhibitions, collective and individual. He has received 52 national and 6 international awards and his photos have been exhibited in various museums, among them Georges Pompidou Cultural Center, in Paris. He has worked as a photographic reporter in many newspapers and magazines and his photos are published in various art books.

Economista, nascido em 1960, Bruno Alves especializou-se em fotos de surf, natureza e gente. Foi um dos fundadores da revista **Fluir** e um dos idealizadores da revista **Caminhos da Terra**. Já viajou por cerca de 40 países em busca de imagens, publicadas nas principais revistas brasileiras e em trabalhos publicitários. Fotografou um dos personagens — O Caipira — que aparecem na nota de dez reais lançada por ocasião das comemorações dos 500 Anos do Descobrimento do Brasil. É autor das fotos de diversos livros de arte, entre eles **Caminhos Paulistas** e **O Rosto e o Resto**.

*Economist, Bruno Alves was born in 1960. He specialised in surf, nature and people photographs. He is one of the founders of the **Fluir** magazine, and was one of people who had the idea of making the magazine **Caminhos da Terra**. He has already travelled to about 40 countries looking for images to publish in the main Brazilian magazines and in the material for publiciy. He photographed one of the characters — The Peasant — depicted in the 10-real bill, which was issued as part of the commemoration of the 500th anniversary of the discovery of Brazil. Bruno is the author of photos for various art books, among them **Caminhos Paulistas** and **O Rosto e o Resto**.*

Sung Pyo Hong

josé
caldas

raimundo
gadelha

Kim-Ir-Sem

José Caldas nasceu em 1964 e vem trabalhando como fotógrafo profissional desde 1986. Ele se especializou em temas de natureza e tem diversos trabalhos publicados em revistas e jornais brasileiros. Em 1992 ganhou o prêmio Marc Ferrez — IBAC/Funarte — pela obra de documentação fotográfica de região do **Baixo São Francisco**, posteriormente transformada em livro. É autor das fotos do calendário **Chapada Diamantina — Caminhos, Pedras e Cores** (1996).

*José Caldas was born in 1964 and has been working as a professional photographer since 1986. He specialised in themes about nature and various of his pictures were published in Brazilian newspapers and magazines. In 1992 he was awarded the Marc Ferrez — IBAC/Funarte — for his work in documenting the area called **Lower São Francisco River**, later put in book format. He is the author of pictures of calendar **Chapada Diamantina — Caminhos, Pedras e Cores** (1996).*

Formado em publicidade/propaganda e jornalismo — com especialização na Universidade de Sophia, em Tóquio, Japão — Raimundo Gadelha, nascido em 1953, é poeta e fotógrafo. Além deste, tem mais oito livros publicados, entre eles **Para não esqueceres dos seres que somos** (1998) e **Em algum lugar do horizonte** (2000). Por três anos trabalhou como editor da Aliança Cultural Brasil-Japão e, em 1994, fundou a Escrituras Editora.

*Graduated in publicity/advertising and journalism — specialised at the University of Sophia, in Tokyo, Japan — Raimundo Gadelha, born in 1953, is a poet and photographer. Apart from this one, he has eight more books published, among them **Para não esqueceres dos seres que somos** (1998) and **Em algum lugar do horizonte** (2000). He worked as an editor for Aliança Cultural Brasil-Japão for three years and, in 1994, founded Escrituras Editora.*

A Escrituras Editora atua nas áreas de literatura, artes, agendas exclusivas
e produtos para empresas, prestigiando o design gráfico e o elevado padrão de qualidade
em todas as suas publicações.

Escrituras Editora Ltda.
Rua Maestro Callia, 123 – Vila Mariana – 04012-100 – São Paulo, SP – Brasil
Telefax: (011) 5082-4190
http://www.escrituras.com.br
escrituras@escrituras.com.br

Para entrar em contato com os fotógrafos:

Bruno Aves
Telefax: (011) 3742-1801 / Tel.: (011) 3742-1473 - São Paulo, SP
e-mail: bolabrasil@uol.com.br

José Caldas
Tel.: (021) 9112-8809 – Rio de Janeiro, RJ
e-mail: info@josecaldas.fot.br
homepage: www.josecaldas.fot.br

Araquém Alcântara
Telefax: (011) 3044-1013 / Tel.: (011) 9632-5906 – São Paulo, SP
e-mail: araquem@araquem.com.br
homepage: www.araquem.com.br

Este livro foi paginado em computadores Macintosh, utilizando os programas
Quark Express 3.32, Illustrator 6.0 e Photoshop 4.0. A digitalização das fotos e o
tratamento das imagens foram executados pelo bureau de serviços Paper Express de
São Paulo, SP – tel:(011)214-4474/fax: 258-5648 – em scanner Hell Chromagraph S3.300
e imagesetter Purup Eskofot Magnum.

Esta 5ª Edição, de 5.000 exemplares, foi impressa em São Paulo, SP,
em março de 2002, nas oficinas da gráfica Salesianas
em papel couché fosco 150 g/m².